Paul Gisi
**Als wir Fische
Vögel Sonnen waren**
Gedichte

Bibliographische Information der Deutschen National-
bibliothek: Die Deutsche Nationalbibliothek verzeichnet
diese Publikation in der deutschen Nationalbibliogra-
phie, detaillierte bibliographische Daten sind im Internet
über http://dnb.dnb.de abrufbar.

© 2022 Autor: Paul Gisi, op.132
Umschlagbild Ludwig Weibel
Herstellung und Verlag:
BoD – Books on Demand, Norderstedt
ISBN 9783756218714

Paul Gisi

Als wir Fische Vögel Sonnen waren

Gedichte und Kurzprosa

Inhalt

Gedichte

Kurzprosa

I
Als wir Fische Vögel
Sonnen waren

Dein Körper
dunkelgelber Safran
zungenkräuselnd

ein Gewürznelkenbaum
eine Muskatblüte
ja ich spreche von dir

wir umschlingen uns
duftinduft

wir erinnern uns
an uns
als wir Fische
Vögel
Sonnen waren

•

Im hohen Mastkorbausguck
sehe ich
weit in dich hinein

zieh dich aus
fürs Fest
für den Tanz

•

Trichterförmig
dein Körper
Basalttuff
deine Beine

7

lippenströmig
die Anbetung

Wind
wie Geklirr
von silbrigen Saiten
und jetzt
das Schweigen
mit dir
küssend
ineinandervertaumelt

.

Deine Augen
dunkelblauer Frühlingsenzian

oboenkehlig
die Milchstrasse

mit Pfeifenrauch
ein Liebesgedicht schreiben
Klanglocken
in die der Wind
bläst

schau dich gut um
sie sind nicht verschieden
Bäume Wellen Sterne

.

Du mein Zehnfusskrebs
ich verneige mich
vor dir

Lust unterm Rahsegel
gischtend
beim alten Brandy

sich zu erinnern
an den Baumwollflaum

deine Augen
Venusblumen
kreisend
um die Sonne
im Licht schwebend
nach den Wurzeldunkelheiten

.

Ich verstehe
die Drachen
nicht

ich verstehe dich
die Abweichungen
grundverschieden
in der Nähe

aufeinanderliegend
um schwerelos
zu werden

•

Die Orange
winkt
der Sonne zu
wie Segelboote
den Milchstrassen

am Seeufer
sitzt der Dichter
und trinkt Brandy
hängt an Gedanken
die an nichts hängen

•

Ins Weinglas
eingetaucht
die Sonne
der Nashornfisch
ein Glockenklang
trinken wir!

Moderorchideen
Licht trinkend
wie Flammen
körperumkörpert
neben dem lachenden Wein

•

Es ist der Wind
der in meinem Gesicht lächelt
ich blase ihn

in dein Gesicht

so schön
kann Leben sein

.

Die Gesteinskunde
der Gestirne
studieren
die Notenschrift
des Gespenstlaufkäfers
entziffern

mit dir das *ganze* Leben malen

.

Die Honigameise
beginnt zu tanzen
die Doppelsterne
umarmen sich

dein Atem
ein Sonnensittich

.

Setz dich zu mir
Sonne

fliehe nicht

der Kranichruf
findet dich
überall

•

Fischskelette
die Milchstrassen
Gott
ein Wrack
deine Zehen
werden zum Xylophon
wenn die Nacht
mich ergreift
im hüftrunden Weinglas

ich schenke dir
meine Leidenschaft

•

Ich bete dich an
Ameisengrille
Dickkopfschildkröte
humoriger Hummer
und wenn mich
Fische Vögel Sonnen
umarmen
bekomme ich
einen Orgasmus

•

Ich erkenne
deine Grösse
kleiner Molch
schenke dir
mein liebstes Lied

aus dunklen Traumseen
aufzutauchen
nackt im Sonnenlicht baden
sich umarmen
und zu wissen
bald ist alles vorbei

•

Wir stechen in See
ohne jede Hoffnung
ein paar Planeten
Bruchstücke des Himmels
im Seemannskoffer
das Ballett der Fische
in den Augen
Tanzschritte des Winds
im Haar
in der schlanken Hand
das Geschenk
des Schweigens

•

Der Atem kreist
um die ferne Wasserrose
um die verlorne Mitte

13

ich kreise um dich

von Täuschung zu Täuschung

wie es auch sei
wir können nichts anderes tun

.

Der Teleskopschleierschwanz
und Canopus
schauen sich an
und fallen liebeslusttrunken
ineinander

hinter dem Horizont
lacht die Sonne
bereit für den Kuss

ich erkenne mich
im Verlangen nach dir

.

Du bist die Insel
für meine Blumen
für den Wind
den flammenden Kuss

in mir
sonnenirr
die trunknen Steine
der Erinnerung

glaub mir
ich fliege fort
weit fort
in dein armes Herz

•

Verstecke dich
in Fischen Vögeln Sonnen
ich finde dich
in den Fischen Vögeln Sonnen
ich verstecke mich
in Winden Wellen Sternnebeln
da ich weiss
du findest mich dort
wir sind
nur im Andern
uns selbst

•

II
Tanzend in der Ekstase

Schwin-
gungs-
rhythmen
von weit
her

Flammenzüngelnder Atem
du lachst
du weinst
du schweigst
ich s e h e dich
umarme dich
küsse dich
im Feuerstrom des Vergehens
in der Sonnenbahn
tanzend
in der Ekstase

.

Irr rotglühend
wie Doppelsterne
deine Herzkammern
ein Korallenriff
deine Blutbahnen

h i e r
müssen sie blühen
die Wunderblumen
ich höre ihren Gesang

.

Mit vibrierendem Ton
klirren Mondstrahlen
ins Fischauge

Meerwellen tanzen
mit nackten Brustrippen

19

es wird alles gut
philosophiert die Napfschnecke

.

Ich verneige mich
liebesaufgeflammt
vor dem Rabenfisch
Perseus` Bassgeigenspiel

ich bin trunken
wie von Sinnen
wenn ich dich SEHE

ich erkenne
es gibt nichts mehr zu tun

.

Von Schicksal
zu reden
fällt dem Regentropfen
nicht ein
er fällt
einfach irgendwohin
und wartet
alles andere ab

.

Sonnen steigen und fallen
wie Delfine

ich bin berauscht
von dir
singe die Kontinente
deines Herzens
die Seebrise
in deinen Augen
die Drift deiner Lippen

.

Gar nicht so fern
lachen Asteroiden
Kometen Planeten
gänseblümchenbeschuppt
unendlich weit

die Milchstrassen
greifen mit ihren Fingern
wie pilzfädige Flechten
in muschelrunde Melodien

.

Das Blau
ruht sich aus
im Moll-Akkord
schläft
im Vogelschatten ein
und erwacht
als Rot

.

Deine Hand
auf der Schulter
des Horizonts

Beteigeuze
im Sternbild Orion
roter Riesenstern
Sonnenblume
in deinen Augen

wir s e h e n uns

.

Ausser sich
in dir
entrückt
sich findend
anzubeten
das Firmament
den Atem
DIE LETZTE INSEL

.

Ich bin
der Astronom
deines Körpers
der Geigenbauer
deiner Lippen
der Kartograf
deiner Hände
der Luftschlosszauberer
deiner Träume

22

tanzend umschlungen

•

Sie tanzen
die Asseln
sie kopulieren
mit Sternen
wild durcheinander
werden Sternasseln
Asselsterne
es flimmert
und flackert
irrt umher
in feuriger Musik

WIR TANZEN!

•

III
Milchstrassen sind wie Algen

Tantra
in dir
singend

Dein Lachen
deine Worte
dein Schweigen
FEUERZEICHEN
aufglühend
in mir

.

Der Weg
zu dir
ist lang

unbekümmert
schlafe ich ein
und träume
vom langen Weg
zu dir

Annäherungen
fallen in Entfernungen

es gibt
keine Gegensätze mehr

.

Milchstrassen
Algen
im dunklen Meer
ohne Ufer

in dich
eintauchen
den Gesang
der Wellen
begleiten
ins Nirgendwohin

im Sein
sein

.

Mit den Wurzeln
das Grundwasser
auskundschaften
die Ströme der Sterne
suchen
die Dämonen der Diphtherie
fortjagen

Würzwein trinken
im Hirnbruch
des Tods

.

Orgel und Violine
im Weltallkuss vereint
taumeln
lebenstrunken
schönheitstrunken
liebeslusttrunken
gotttrunken
in dein Herz

·

Quallen
vollenden
der Sterne Lauf
wenn der grosse fremde Vogel
die Sonne verdunkelt
und die Ströme
nicht mehr wissen
wohin

die Himmelsrichtungen
sind längst
nicht mehr erkennbar
ratlos die Fische
im Algenwald

alle Dinge
müssen sich
verlieren

·

Verwirrt
verirrt
die paar Milliarden Jahre
in denen Leben entstand
schüttelte
die Sechsstreifenrennechse
den Kopf
hörte Kammermusik
von Johann Gottlieb Graun
und dachte

wie bist du doch schön
Augenblick

.

Du siehst
Städte versinken
Berge zerfallen
Meere austrocknen
Galaxien vergehn

du siehst
mich an
ich bin erschüttert
wie lange
kann ich
vor dir
bestehn?

.

Von Ufer zu Ufer
fliegst du
Albatros
durch Dunkelwolken
zu Perseus
von Violine zu Oboe
zwischen dem Schlagen
des Pulses
vom Felsgezack des Albtraums
in aufgischtende Liebe
in den Strom des Gesangs
überquer
von der Einsamkeit

zur Verzweiflung
wachsam
befreit
wie eine glühende Rose
flugbereit
zur Hoffnung

•

Ich singe
die Grösse
des Selbst
den Sexus
des Universums
die Wurzeln
des Feuers
den Geruch
deines Körpers
SINGE SINGE SINGE
triebmässig
geistglühend
male Myriaden
Unendlichkeiten
in deinem Auge

•

IV
Der Traum verbindet
Wirklichkeiten
zu neuen Träumen
oder
Glockenklangtrunken ich bin

Mit dir

zu reden

FREMD

LING

jetzt

Was für eine Wirklichkeit
die Täuschungen
hinter der Wirklichkeit

Sonnen tanzen
wie Ballone
überm Rummelplatz
Weltall

Gott ein Harlekin
Apachenmädchen
Zeus Karnelvalsprinz
Würdenträger Taschendieb
Riesendame Kokotte
Feuerschlucker Wahrsagerin
Marktschreier Wachspuppe

was ist Wirklichkeit?
was Täuschung?

WIR WISSEN NICHTS

Für Bettina
Für Marco

•

Ich bin lebenstrunken liebestrunken lusttrun-
ken schönheitstrunken belcantotrunken ge-
dichttrunken nacktheitstrunken weintrunken
kunsttrunken farbentrunken menschentrunken
brandytrunken freundestrunken lichttrunken
gottestrunken weltalltrunken geschöpfes-

35

trunken traumtrunken klarheitstrunken
friedenstrunken worttrunken körpertrunken
melodietrunken geisttrunken flammentrunken
zungentrunken anbetungstrunken umarmungs-
trunken atemtrunken nackttrunken venus-
trunken seinstrunken pfeifentrunken gedanken-
trunken nichtstrunken bildtrunken schweige-
trunken philosophietrunken sehnsuchtstrunken
vanGoghtrunken angstfreitrunken gesangs-
trunken fantasietrunken einsamkeitstrunken
phallustrunken harmonietrunken sturmtrunken
geschlechtstrunken blumentrunken fisch-
trunken büchertrunken mozarttrunken wind-
trunken orgasmustrunken lippentrunken er-
kenntnistrunken violintrunken nachttrunken
kusstrunken sonnentrunken glockenklang-
trunken ich bin

•

Deine Stirn
ein tibetanisches Weltrad
deine Augen
Wasserlilien

was wollen
die Brillenschlangen
am Himmel?

der Traum
verbindet
Wirklichkeiten
zu neuen Träumen

•

36

Eine Lindenblüte
tanzt in den Goldfischteich

deine Lippen
Rotbrustzebrafinken
fliegen
in die verlorne Stunde
die Welt zu vergessen
im Kuss

.

Meine Bücher
in meiner Hausbibliothek
sind Flegel
sie johlen krächzen
verhauen sich
spreizen und verstecken sich
umarmen sich
tanzen lachen weinen kopulieren
beten Unsinn
meine Bücher
sind wie ich

.

Eins ruht
im Andern
Atem strömen
ineinander
Sterne schweigen
miteinander
Jenseits findet sich

im Hiersein
im Fischauge im Vogellied
in den Wolken

alles schenkt sich
einander
lebt denkt träumt liebt
sinnlich aufgefächert
im Geist

die Erde
wird zur Sonne
zurückkehren

•

Divertimenti Serenaden Kassationen
beim Gartenfest
Wega in der Leier
Regulus Aldhafera

die haben Geschmack
denkt die Tempelschildkröte
zündet Weihrauch an
und festet glückselig mit

•   •   •

Ich habe alle Zeit für die Bewegungen in mir

aufzustehn und zu bleiben
jetzt

in mir mit mir

es ist ein Atemstrom eine fliessende Ruhe

wellend flutend das Schweigen

Lichtsturz Wind

Anbetung Gesicht in Flammen

und fern so nah deine Augen Dunkelwolken
und das unbekannte Lied hinter der Stirn

Quellen brennen auf der Zunge

Schöpfungstage sinds

in deiner Hand
Milchstrassen Atome
nicht zu vermessen

deine Augenbrauen Sturmschwalben

o diese Lippen
fliegen eintauchen

du schreitest in Farbekstasen
tanzt Vergessen
umarmst

fällst aufsteigend in den Traum
zu singen zu singen
die Blume den Fisch Aquarii
trunken im Wein

in sich vollendet
der Kreislauf
des Universums

eingerollt in die Wurzel
in den Kokon der Seidenraupe

einstimmen als Einzelner
als Alles

ZU LIEBEN ZU LIEBEN

•   •   •

Die Melodie
aus dem Klarinettenkörper
singt
ein dunkles Lied
bis hin zu Arctur
mit Gemma
in der Unübersichtlichkeit
des Universumwirrwarrs

macht nichts
sage ich
DU bist mir
übersichtlich nah
anbetungswürdig lasziv

•

Der Zirpfrosch Adalbert
macht sich
von seinem Röhricht auf
durchs halbe Weltall
zum orangeroten Stern Piscium
Wanderstrecke
410 Lichtjahre
da gilt es durchzuhalten
die Zeit zu vergessen
und einfach draufloszuzirpen

ich bewundere Adalbert

.

Violine Cello und Kontrabass
umarmen sich
in der Verrohung der Welt

aus dem Weltraum
des Hezens
schlägt die Pauke

das silbrige Gespinst
in deinen Augen
heilt den Schmerz

.

Aufhellungen
Schattierungen
zu finden
hinter dem Lid

wortlos aufzublühn

es ist die Fülle
einer einzigen Rose
eines Wassertropfens
die die Welt
unendlich beschenkt

•

«Adagio Es-Dur»
op. posth. 148
«Notturno»
von Franz Schubert

•

V
Zu entdecken D I C H

Mein Herz ein Wind

Deine Finger
Triller
auf meinem Körper

zusammen musizieren
LUST
irre Sonnen

in der Handschale
das wogende Meer
Tänzerinnen
Echnatons Gesänge

Wolken wie Segelschiffe
auf den Lippen

sich zu verneigen
vor deinem Atem
vor allen Geschöpfen

LIEBE TRUNKEN TRINKEN
e i n s werden mit allem
mit dir

.

Sterne
Choralnotationen
eines unbekannten Gottes
Magnifikat anima mea Dominum
zu singen
umarmt mit dem ganzen Sein
Fleckenmuscheln Nachtigallkolibris

Ozeanen Zungenküssen
ZU LEBEN

•

Flammenblumen
Gravur
am Himmel

Feuer Qual Entsetzen
von Stunde zu Stunde
Schritt für Schritt
ins Bodenlose

•

Deine Sätze
schön wie Rhabarberstängel
deine Lippen
Ufer der Sehnsucht

zu entdecken
D I C H
Universum
deine Fingerbeeren
Wind überm See
Fische Algen
Vogelträume
dies ist Lebenssinn
Anbetung der Lust

•

Schlanke Winde
musikalisch
wellend tanzend
im silbrigen Licht
wie Schaumkrönchen
auf der Zunge
Weltalltriller
in deiner Hand

•

Tief atmend
sanft pulsierend
hell singend
das *Bild*
die *Melodie*
die schlanke *Gestalt*

der Weg ist lang
im Gleichgewicht
DER SINN

•

Als wären
die Milliarden Galaxien
immateriell
Blumenfarben Melodien
Träume Sturmwinde
als wäre Liebe
ein Blitz

denken
dass es nichts
zu denken gibt
einfach atmen
ursachelos zu *sein*
als wär alles
eine Halluzination

.

In der Ferne
weit weit weg
auf deinen Fingerbeeren
ruht sie sich aus
die Sonne
tanzen Fische
bauen Vögel ihr Nest

Andromeda küsst
die Sumpfdotterblume

DA IST NÄHE

.

Sich anzunähern
ans Ferne
mit dir
kleiner hübscher Esel
liebreizendes Alpakakamel
mit Psalmen und Elegien
im Ärmel
Spiralgalaxien im Hosensack
sich endlich aufzumachen

so zu tun
als gäbe es das
was man Leben nennt

•

Mönchsgesänge
hängen wie schwarze Bärte
in Babylonischen Trauerweiden
rote und weisse Zwergsterne blinken
der *Geist*
im krautigen gelben Wolfseisenhut
träumt
von sphärischer Sinnlichkeit
sich erfüllend
in der Verwandlung
der LIEBE

•

VI
Zwischen unendlichen Gewittern

In der HÖHLE das Wasser finden

Die Fiktion des Quarz
farbtrunken
die Kristallfigurationen

AUFRUHR DER LIEBE

schwerelos vertrillert
die Gedanken
ZU FREIHEIT
aufschauend
ins Grenzenlose

•

Ich liebe es
auf Sand zu bauen
nackt zu sein
unterm mit tausend Blättern
gekleidetem Baum
ich liebe es *zu sein*

zu lesen
DIE BALLADE
VOM TRAURIGEN CAFÉ*

mit Leidenschaft
s i n n l i c h
GEISTWÄRTS
Allegro appassionato
in grosser Freiheit
mit dir

(* Erzählung von Carson McCullers)

•

Dein Blick
EIN FEUER
  aus Urzeiten flammenzüngelnd

liebeslustschreiineinanderversunken

  das Weltall
  hat sich erfüllt
DURCH DICH IN DIR

traumrissig
sich zu erinnern
  sich festzuhalten
  an der Reling des Nichts

•

Ein paar Schritte
allein
mit dir

klarinettentonbetörend

der Vogel flieht
vor den Schatten

die Wirklichkeit sagt
guten Tag
und setzt sich
in den Liegestuhl

ich nicke
und fliege
ins Unermessliche

•

Angeschmiegt
an den Klangkörper
von Johannes Brahms
der Wind

aufstehen und fortgehen
FREI ZU SEIN IM BLEIBEN
die Augen schliessen
und s e h e n

wir wollen uns immer
an uns erinnern
wir wollen unsre Nähe
f e r n sein lassen

wenig ist
was wir wollen
SO WENIG DAS VIELE

•

Wechselnde Winde
wie ein philosophisches Gespräch

eine Ratte
saust um die Ecke

und ich wache auf
in deinen Armen

.

Lichtleicht
atemgeriffelt
sich zu verwundern
wenn alles zu Ende geht

es ist eine gute Philosophie
dem Wind zu vertrauen
ein paar Steinchen zu zählen
diese in der Hand zu haben

.

Ich bin wie du
ein Teil der Nacht
ein Wind in den Bäumen
hab den Klang
das Licht verloren
weiss nicht mehr wohin
doch ich hab dich F r e u n d
gewonnen
erinnere mich durch dich
was ich war
was ich bin

.

Die Stimme
hellfarben
    rachitische Wolken
    über uns

ein Feuerhorizont
zwischen den Herzschlägen

der Fischreiher
studiert Algebra
warum sagt er nicht

•

Im Regentropfen
ruht sich
das Weltall aus

ein Schwebezustand
in den Abstürzen
LUST

zu singen im Schweigen

so schön sind Illusionen

•

Nachbemerkung:

«Zwischen unendlichen Gewittern» hiess Paul Gisis Erstling. (Genau: «Gegen die Zeit und Zwischen unendlichen Gewittern».) 1970 im Aiolos Verlag erschienen.

Dieser gleichnamige sechste Kapiteltitel in diesem Buch schlägt nun, 2022, in grosser Freiheit eine Brücke zum Erstling.

Ein ganzes Leben liegt dazwischen.

Kurzprosa

Wichtige Angelegenheit

Seltsam

Es war alles sehr seltsam, merkwürdig, als du bei mir warst, ich habe nicht gedacht, dass du kommen würdest, ich war nicht vorbereitet, obwohl ich seit langem dachte, dass es eine Notwendigkeit werden könnte, uns zu treffen, vielleicht bei dir oder irgendwo vielleicht, was noch abzumachen der Fall gewesen sein müsste, doch diesen Fall gab es nicht, oder wenn es ihn gegeben haben sollte, habe ich ihn vergessen vielleicht, was aber keinesfalls beunruhigend gewesen wäre, denn ich kann unmöglich alles im Kopf behalten, dafür bin ich nicht geschaffen, ich lebe von vielem abweichend, vielleicht, schön, dass ich mir nicht im Klaren bin, ich weiss nicht, was Eindeutiges ist, ich liebe, was nicht erforscht ist, ich verliere gern die Zeit, obwohl es irgendwo tickt, was mir einerlei ist, sich von etwas behaften zu lassen, fällt mir nicht ein, da sehe ich keinen Grund, Ursachen verstehe ich nicht, das hat nichts mit meinem Unwissen zu tun, Erklärungen taugen sowieso nichts, weil alles immer anders ist, doch ich kann nicht abstreiten, dass du jetzt bei mir bist und wir uns sehen, was fantastisch zu nennen ist.

Das Béret

Ich setzte mir das Béret auf, ich wollte ausgehen, wohin, wusste ich nicht, was aber auch keine Rolle zu spielen hat, ein Ziel zu haben ist überflüssig, was aber nicht mit Ziellosigkeit verwechselt werden darf, es ging vielleicht einfach darum, ein paar Schritte zu machen, Ortlosigkeit auszuprobieren, allein mit sich selbst, als hätte dies Sinn, den es nicht gab, man tut ja manchmal *als ob,* ich finde das gar nicht sehr dumm, kapriziös zu sein ist keine schlechte Art, ein paar Schritte zu machen, irgendwohin, vielleicht weil es gerade Nacht ist oder man das Béret bereits aufgesetzt hat, wer will das schon wissen.

Dies

Dies zu sagen, fiel mir nicht ein, es wäre mir auch gegen den Strich gegangen, beim Wort genommen zu werden sehe ich nicht als erstrebenswert an, ich weiss nicht, worum es geht, es geht ja überhaupt nie um etwas, oder vielleicht darum, Grenzen abzubauen, als ob das möglich sein könnte, derweil es regnet, da vernimmt man die Worte sowieso nicht, was weder gut noch schlecht zu nennen ist, es ist einfach *dies,* weit ausserhalb.

Flackernde Augen

Ja, das gibts, flackernde Augen, vor Angst erregt, nahe am Erlöschen, derweil sich die Erde dreht und wir so tun, als schiene die Sonne, als würden wir ewig leben.

Der Atem nahebei

Der Wind blieb verschollen, alles war still, nur
ein dunkler Baum tat so, als ob er sich bewegte,
du lagst nackt neben mir, die Brust hob sich
nicht, senkte sich nicht, dennoch spürte ich
deinen Atem nahebei, vielleicht täuschte ich
mich, ich konnte es nicht herausfinden, woran
mir auch nichts lag, es ging nahezu um nichts,
vielleicht um einen Traum, um Vergessenheit,
alles war da, vielleicht auch nichts, da gibts
nichts rappelig zu räsonieren, über uns, hoch
über uns begann ein Wind zu sprechen, ich
verstand ihn nicht, musste auch nichts
verstehen, er war einfach da, der Atem.

Bald

Zeitspannen sind trügerisch, ob lang oder kurz,
wer will da schon richten, es gibt keinen festen
Standpunkt, alles ist ridikül in den Äonen, doch
ich schaue auf die Uhr, in wenigen Minuten
kommst du, und das zählt, bald bist du bei mir,
wir werden lachen, Wein trinken, rauchen,
Streichquartette hören, bald, dann gibts keine
Zeit mehr, wir hebeln das Sein aus, sind
zusammen, schweigen miteinander, jubeln mit
dem wolligen Zwergfilzkraut, erfinden neue
Sternbilder, tun so, als flössen tausend Ströme
herzwärts, mit dir ist alles möglich, bald.

Wie nichts wie alles

Wie nichts wie alles, traumirr, in der Blüte, die ich nicht kenne, in sich ausruhend, das Weltall, denke ich, als ob es Anfang und Ende gäbe, ursachlos, liebeslustberauscht, sich an Farben und Melodien zu halten ist schon was, wenn alles zerrinnt, nichts mehr stimmt, da müssen Nachtmahre kapitulieren, darf es nochmals einen Sonnenaufgang geben, eine Lösung ist das nicht, ist auch nicht gesucht, dennoch.

Du

Ich wage es nicht, dich direkt anzusprechen.

Niemals immer

Zwischen *niemals* und *immer* kann ich nicht unterscheiden, sie sind mir zu krass, ich glaube an keine festen Worte, sie grenzen Leben aus, was mich vergrault, ich bevorzuge *vielleicht,* Antönungen, Widersprüche, Rieselndes, die hellen durchsichtigen Topase, dogmen- und tabufreie Inflammationen, Sonnen und Winde, Oszillierendes.

Riffelungen

Wenn Winde käferartig Wasser und Seelen riffeln, streckt sich mein Geist, wirds mir wohl, beginne ich zu leben, werden Verwandlungen möglich, ists, als wärst du bei mir.

So

Ich hiess die Zustimmung zur Ablehnung gut, vielleicht wars auch umgekehrt und ich hiess die Ablehnung zur Zustimmung gut, da ists halt schwierig zu unterscheiden, es kommt nicht darauf an, Stellung zu nehmen mündet stets in ein Fiasko, das ist mir recht klar, deshalb meide ich es, zuzusagen oder abzulehnen, ich schaue bei Fragen und Problemen einfach *tiefsinnig* in die Luft, obwohl ich keine Ahnung habe, was *tiefsinnig* bedeuten könnte, doch es wirkt, ich werde als tiefsinnig Indieluftgucker in Ruhe gelassen, gemieden, werde nicht mehr genötigt, irgendetwas zu sagen, was ich sowieso nie sagen wollte, da ich nie in der Lage mich befähigt fühle, Ja oder Nein zu sagen, da beides aufs Gleiche herauskommt, und ob nun Grün Blau oder Rot ist, interessiert mich nicht, so.

Ganz anders

Du glaubtest, als du mich kennen lerntest, dass ich gleich wie du denke, doch ich habe längst vergessen, was *Denken* zu heissen in der Lage wäre, das Denken überlasse ich vergnügt andern Menschen, die vorgeben zu wissen, wer sie seien, ich gehöre nicht dazu, ich weiss nicht, wer ich bin, versuche auch nicht so zu tun *als*

ob, es ist alles hinterhältiger, einsturz-
gefährdeter, flicklappiger, so siehts aus, ganz
anders.

So schön

Alleine zu leben, morgens nicht mehr *guten
Morgen* zu sagen, weil man sowieso verkatert
ist nach einer langen Nacht mit Wein und
Mirabellenschnaps, enervierender Lektüre und
einem PC, der nicht so wollte, wie ich es
wollte, der Brief, den man schreiben wollte,
misslang, weil nur nebensächlich Falsches
geschrieben wurde, das Telefon an eine
Freundin oder Freund nicht abgenommen
wurde, da kann man nur sagen, wie bereichernd
schön, endlich allein zu sein, frei von allem und
allen, «Schönheit» als Täuschung, die ich liebe,
wie lange noch?

Nichtwissen

Das Nichtwissen ist etwas Bedeutendes,
Überzeugendes in der Flirrerei des Wissens,
das sich durch die Jahrhunderte angestaut hat
und jede freie Sicht über die millionen-
vielfältige Schöpfung verhindert, gesichert ist
vielleicht nur die Ungesichertheit, das
Luftgeistige, das sich nicht einfangen lässt in
Denkkategorien, der Traum ist die Wirklichkeit
eines Traums, Landschaften verändern sich,
wild wuchernd, steppenartig, da gibt es nichts

einfürallemal Festzulegendes, wir wissen nicht,
ob auf diesem Planeten noch lange zu atmen
sein wird, mit allem Wissen rasen wir auf den
Untergang zu, noch tanzen Wolken im Wind,
das hat nichts mit Wissen zu tun, wir wissen
wirklich nicht, wies weitergeht, es ist fürwahr
keine schlechte Sache anzunehmen, es sei
gesagt, dass das Wissen, weil es nur Irrtümer
und Untergangsbedrohliches verfestigt,
ausgespielt hat, es sei gesagt, nur im
Nichtwissen, das offen wäre für alles, gäbe es
einen Neuanfang des Denkens, des Liebens,
des Lebens, dies wäre zu wagen.

Dunkel und hell oder wie

Ob es nun *dunkel und hell war oder wie*, lässt
sich, wie alles, wenns wichtig wird, nicht mehr
eindeutig sagen, die einen halten *dafür*, die
andern *dagegen,* ich halte mich mit einer
Stellungnahme zurück, obwohl ich imstande
wäre, dazu einige Erklärungen abzugeben, die
jedoch, das weiss ich zum Voraus, niemanden
interessieren würden, ich selbst interessiere
mich im Grunde auch nicht um
Helligkeitsunddunkelgrade oder wie, es geht
nicht darum, es geht um ganz Anderes, und da
wäre es vonnöten, zum Beispiel vom
Abströmen der Sonnenmaterie in den Raum,
der vor deinen Füssen liegt, rappelnd zu sagen
oder von Heliumbrennzonen im Innern der
Sterne, in der Annahme, jemand hätte diese
schon besucht und könnte Kunde davon

machen, wovon aber fürwahr nicht zu behaupten ist, in den unteren Ablagerungen der Gesteinsschichten des Waldbodens fehlt *dunkel und hell oder wie,* das ist nicht diffus zu nennen, sondern eine ungemütliche Kalamität, viel lieber spräche ich vom Kopfschmuck einer weiblichen griechischen Gottheit, auf den die Sonne scheint, oder von ein paar Mondborsten, die sich darin verfangen haben.

Vorwärts vorwärts

Richtungen jedweder Art, von hier nach dort, als ob wir wüssten, wo *hier* ist und wo *dort,* haben etwas Aufblinkendes wie das Wasser des Flusses, etwas Blinzelndes einer Ungesichertheit, nah und fern zugleich von etwas Einhelligem, sind wie Fangarme, die man zu umgehen zu trachten versucht ist, im grenzenlosen Dickicht gibt es keine grossen Schritte irgendwohin, der Ausgangspunkt ist nicht mehr bekannt, einen Zielpunkt gibt es nicht, vielleicht hört man einen Ruf, von dem man nicht weiss, was er bedeutet, von wo er herzukommen scheint, doch man kann ja nicht bleiben in dem man verfangen ist, was jemals gegolten hat, gilt längst nicht mehr, ich mag diese Aussichtslosigkeit, vorwärts vorwärts.

Zu denken

Ich dachte mein ganzes Leben, dass es viel zu denken gäbe, auch wenn die untergegangenen Völker nichts hinterliessen, was zu denken Anlass geben könnte, sie verschwanden einfach in den Wellen der Zeit, was beileibe nicht das Dümmste war, was sie tun konnten, dennoch denke ich mir, Jahrtausende überspringend, dass die heutige Zeit, die kaum was Bemerkenswertes aufzuweisen in der Lage ist, dennoch, wenn man nur suchte, Anlass zu denken fähig sein könnte, nur komme ich jetzt in eine rappelnde Notlage zu sagen, was das sein könnte, in allen Himmelsrichtungen stelle ich nichts fest, worüber sichs zu denken lohnen liesse, es ist alles gehupftwiegesprungen, das denke ich immerhin, auch wenn ich weiss, das ist sehr wenig, hat nichts mit Denken zu tun, dennoch tue ich so, als würde ich weitersuchen, was weiterzudenken wert wäre.

Warum es ohne dass ginge

Warum es ohne dass ginge begann ich einen Brief, doch schon nach diesen fünf Worten verlor ich den roten Faden, ich wusste nicht, was ich zu sagen beabsichtigte, obwohl ein riesengrosses Wortgedankengebäude in meinem Kopf rumorte, doch einen bessern Briefanfang fiel mir nicht ein, das ist ja fürchterlich ausweglos, ich müsste diese fünf Worte *Warum es ohne dass ginge* verwerfen, doch das gelang mir nicht, zumal ich immer noch dachte, eine Fortsetzung, fiele sie mir nur endlich ein, sei möglich, sollte es also möglich sein, dass alle Briefschreiber wissen, was sie zu schreiben aufgelegt seien, nur mir sei das verwehrt, obwohl ich fürwahr aufgelegt war, einen Brief zu schreiben, koste es was es wolle oder koste es nichts, einerlei, das wollte ich nicht schreiben, eine Zikade fragt sich auch nicht lange, was sie zirpen wolle, sie zirpt einfach drauflos, ach wäre ich eine Zikade, doch es macht unglücklicherweise den Anschein, dass ich keine bin, nun, ich bin nicht gewillt, dies allzusehr zu beachten, ich beginne den Brief nochmals mit *Warum es ohne dass ginge*, ich beabsichtige sowieso nicht, den Brief abzuschicken, auch wenn die Fortsetzung, wenn ich sie doch noch fände, geschähe, ich schliesse vorläufig diese Fragwürdigkeit abrupt in meinem Sinn, meisterlich unverständlich.

Das lässt sich nicht mehr sagen

Obs eine Wiederholung, Veränderung, Verwandlung war, das lässt sich nicht mehr sagen, es schien wie *neu*, nur beim nähern Betrachten schien es wiederum *alt*, wobei zu sagen nicht unterdrückt werden darf, dass es keine Position gab, von der man etwas Gesichertes zu proklamieren sich einbilden dürfte, es war ein Hinundher, was den Anschein erweckte, dass es sinnlos sei, was aber wiederum ein voreiliger Schluss sein dürfte, das lässt sich nicht mehr sagen, und ob oben wirklich oben war und nicht unten, dafür will ich nicht einzustehen mich einbilden, das ist mir zu riskant, da lasse ich die Finger davon, kehre mich um und sage lieber nichts mehr.

Andersherum nicht

Die ganze Situation als verrückt zu betrachten, fiel mir nicht ein, ich dachte eher, wie banal alles sei, die Sonne ging auf und unter, wie sich das schon wacker lang gehörte, du versuchtest folgerichtig, eins ums andere zu lösen, was nicht aufgehen konnte, da nichts Folgerichtiges bekannt war, man konnte noch so lange nachdenken, es blieb arg verzwirbelt, hiebundstichfest unauflösbar, was mich freute, denn sogenannte Lösungen haben mehr mit Kurzschluss zu tun als mit sonst etwas Nützlichem, das sage ich als Fachmann des Lebens, doch mir da einzubilden, etwas Fachmännisches gesagt zu haben, fällt mir natürlich im Ernst nicht ein, ich bleibe gelassen ratlos, andersherum nicht.

Calypso Schrumm

Wie Calypso Schrumm zu seinem absonderlichen Namen kam, ist nicht erinnerlich, alle meine Bemühungen, irgendwo eine Erklärung zu finden, liefen ins Leere, brachten keine Erhellung, die ja sowieso bedeutungslos gewesen wäre, doch ich kann und will es nicht unterdrücken zu sagen, dieser Calypso Schrumm war eine verwirrlich veritable Nummer, er hatte einen verbummelten krausen Charakter, die Gesamtheit der seelisch-geistigen Eigenschaften blieb unübersichtlich, Wesensmerkmale waren keine festzulegen, er war stets nicht einordnungsbar wolkig, was natürlich für ihn spricht, dennoch war er fertil in seinen Äusserungen, ein Bonmot von ihm machte die Runde, dass er lustvoll gern die Verantwortung für alles und nichts übernehme, es müsse lediglich aufgebuckelt frei sein in allen Beziehungen, dies zu verstehen, ja, dies gilt es zu verstehen, denn Calypso Schrumm war durch und durch er selbst, romanesk schroff und lyrisch sehr sanft, er war ein Riese.

Eines ist anders

Vormalig, nachmalig ists, was du mir sagen wolltest, obwohl wir uns eigentlich nicht kannten, doch das spielte freierdings keine Rolle, mit dem Hexenbesen umtanzten wir uns, idiografisch ichdulustvoll, es war natürlich anders, es war Eines.

L.

Die Hinter-, Vorder-, Neben- und sonstigen allerlei Beweggründe blieben Abgründe, obwohl zu sagen nicht ganz vergessen werden dürfte, dass es niemandem klar wurde, warum dieses aufkommende Chaos sich nicht verhindern liess, da die Situation für L. eigentlich als gefestigt hätte betrachtet werden können, es war nicht daran zu denken, dass es Brenzligkeiten, Verfänglichkeiten, Fatalitäten, die nicht zu überblicken und zu meistern gewesen hätten sein können, unvorhergesehener Grösse auftauchten, im Nu sah sich L. Inkommensurabilitäten gegenüber, die ihn anfänglich baff werden liessen, da er es gewohnt war, innerhalb gewisser Gesichertheiten zu leben und zu denken, doch da es nun schien, dass eigentlich alles, was ihm einst lieb war, ins rumplige Rumoren sich nicht mehr rückveränderbar umgestaltet hatte, sagte sich L., das ist aber eine Sache und gar nicht so schlecht und trottete vergnügt weg!

Wichtige Angelegenheit

Da die Angelegenheit dermassen wichtig war, kommt es, sagte sich die Frau, darauf an, dass ich bleibe, und wenn ich gehe, bleibt die Angelegenheit immer noch dermassen wichtig, unbekümmert ob ich bleibe oder gehe, es wurde konfus, die Frau blieb ohne Überzeugung, und dann ging sie dennoch, hin und her abwägend, was eigentlich besser sei, immer die Wichtigkeit der Angelegenheit im Auge, sie schloss die Augen, als sie sie wieder öffnete, wusste sie nicht mehr, ob sie geblieben und fortgegangen sei, nun, die Angelegenheit

war dermassen wichtig, dass nichts mehr
zählte.

Begegnung

Zum abgemachten Datum zur abgemachten
Zeit am abgemachten Ort trafen sie sich, beide
wussten nicht mehr warum, dem aber keine
Bedeutung zugemessen werden kann, denn es
stimmte alles wie abgemacht, deshalb gab es
auch keine Beunruhigung, beide sahen sich an,
daran konnte kein Zweifel bestehen, denn was
man sieht, kann nur schwerlich geleugnet
werden, und sie *sahen* sich an, doch eine
zunehmend schwankende Ungewissheit
bemächtigte sich ihrer, könnte es nicht dennoch
eine Täuschung sein, das, was man sieht, beide
begannen die Fassung zu verlieren, obwohl ja
alles abgemacht war.

Ein Weg ein Ziel

Es wurde gesagt, dass alles eindeutig sei, man
müsse nur den Weg nehmen, der immer
geradeaus ginge, dann käme man ans Ziel, T.
hat sich dies eingeprägt und ging geradeaus, bis
der Weg eine scharfe Krümmung vorzeichnete,
da musste T. lachen, das dürfte kein Problem
sein, denn nach der Krümmung ging es wieder
formidabel geradeaus, so wird alles
eingehalten, das mit dem Geradeausgehen,
Unerwartetheiten konnten T. nicht beein-

drucken, solange nicht alles verzickzackt wurde und man nicht mehr wusste, wo rechts und links zu liegen hätten, ists harmlos, inzwischen vergass T., was sein Ziel hätte sein sollen, was ihn aber nicht beunruhigte, denn ein Ziel ist ja immer etwas Fragwürdiges, solange er einen Weg unter seinen Füssen hatte, wenn auch längst nicht mehr geradeaus.

Beiläufig einflechtend

Es ist leicht zu sagen, was schwer sei, es ist schwer zu sagen, was leicht sei, so begann der Redner seine Rede, kein Zuhörer wusste, worum es geht, der Redner stellte dar, widerrief, kurozinzzelte, entwarf Zusammenhänge, verwirrte wild drauflos, alles immer beiläufig einflechtend, man wusste nicht, ob der Redner noch alle Tassen im Schrank habe, worauf es aber in einer prächtigen Rede nicht ankommt, das Thema muss fest wie Gips sein, beiläufig Einflechtendes hin oder her, ob etwas schwer oder leicht sei, ist eine Standpunktfrage, die der Redner aber geflissentlich ausser Acht liess, denn er konnte unmöglich alles besprechen, als er zum Schluss seiner Rede ansetzte, er hatte nicht mehr viele Zuhörerinnen und Zuhörer, flocht er beiläufig ein, so ists oder nicht, und es schien, als hätte der Redner seine Rede doch noch auf einen Punkt gebracht, nur wusste er selbst nicht, welchen.

Es sprach sich nichts herum

In der Regel wird jedes Wort ein Gerücht, man muss sich nicht darum bemühen, das geschieht einfach wie von selbst, ohne dass jemand das verhindern könnte, da setzte O. ein ungeheuerliches Gerücht in die Welt, die Fensterscheiben hätten klirren müssen, doch nichts klirrte, nichts geschah, es sprach sich nichts herum, niemand nahm von diesem Gerücht Kenntnis, es entbrannte kein Lauffeuer an Empörung, niemand wollte etwas gehört haben, da wurde O. traurig.

Sie war müde

Wiederum ein verlorener Tag, dachte sie, wie wird es morgen sein, es wiederholt sich alles, Neuanfänge sind nicht vorgesehen, einst war alles rimslig, was das auch sein mochte, heute alles schimmlig, gehupftwiegesprungen, miserabel, narbig, einsudelnd, doch sie hatte Figurales im Sinn, darunter machte sie es nicht, Bedauerlichkeiten wischte sie zur Seite, Versteinerungen waren nicht ihre Sache, dafür lebte sie zu quirlend, zu worblig, zwacklig lebenszuzwinkend, doch es geschah einfach so, dass sie müde wurde.

Der Künstler

Der Künstler wusste nicht, was Kunst sei, Kunstgesprächen wich er aus, da er glaubte, er könne nichts dazu sagen, Kunst ist wie Liebe *elementar*, ein Teufelsrochen, ein Bärenspinner, Serpentis, doch ob wir uns da verstehen, ich weiss es nicht, was auch völlig unwichtig ist, denn Verstehen hat noch nie einem geholfen.

Richtig falsch

Es war nachgerade richtig zu sagen, dass es falsch gewesen sei, die Meinungen dazu waren nie eindeutig, man wusste nicht, woran man war, die Standpunkte waren unklar oder sogar nicht vorhanden, was alles vielfach erschwerte, es hätte ein Mass gegeben haben müssen, etwas wie einen Urmeter, von dem aus man hätte messen können, um zu einen Urteil zu kommen, doch so etwas wie einen Urmeter für diese Sache war nicht aufzufinden, was absolut verständlich ist, war doch alles äusserst unverständlich, es erwies sich, dass es urkomisch katastrophal unmöglich war, in Richtung irgendeiner Abwägbarkeit etwas zu finden, was einer Entscheidung, Stellungnahme nahe gekommen wäre, es waren keine Ansatzpunkte hiefür feststellbar, es blieb alles ein Lüftchen, die dringliche Wichtigkeit nahm zu, doch ich habe vergessen, um was es ging.

Als die Welt aus den Fugen ging

Die Welt ging schon immer aus den Fugen, dachte A., das ist mitnichten was Neues, dachte A., jetzt ists halt wieder mal so weit, weltweit geht alles aus den Fugen, dieserart ändert sich nichts, dachte A., das Kraut fürs Zusammenleben wurde noch nicht gefunden, alles irrt wirr wie bis anhin umher, in all diesen Verwucherungen ist nichts mehr zu sehen, verkrautete Gedanken allerorten, wobei es überrissen ist von Gedanken zu reden, Schlappeimer die Menschen, dachte A., was ihn erregte, quick werden liess, da es ihm nicht einfiel, auch aus den Fugen zu geraten, A. wusste kaum mehr aus und ein, doch er wusste, nun musste er anfangen.

Die Abmachung

Es war füglich abgemacht, das Zugrundeliegende konzeptionell gegenseitig vernehmlich abgeglichen, für einen Zweifel hatte es, wenn man alles betrachtete, keinen Platz mehr, die Richtung war vorgegeben, es schien, als gäbe es kein Zurück mehr, die Positionen waren abgesteckt, es sah alles so gut aus, es schien, dass nichts mehr ins Ungefähre kippen vermochte, vereinbart war vereinbart, Übereinkommendes in Bezug auf Orte und Stellungnahmen hatten eine fest umrissene Kontur, die Lichtstreuung spielte keine Rolle, von einem *Ziel* zu reden war reichlich

übertrieben, dennoch konnte nicht ganz ausser
Acht gelassen werden, dass die
ABMACHUNG zielorientiert war, wobei aber
nie klar wurde, von wo aus oder wohin auch
immer, es muss zugegeben werden, alles
flatterte etwas, obwohl die Richtlinien dies
eigentlich nicht zuzugeben bräuchten, die
Abmachung konnte nicht umgangen werden,
sie war ein zu grosses Ding, doch ein zu grosses
Ding wie diese Abmachung war einfach zu
viel, dachte B., und liess alles links liegen.

Sich zu entscheiden wie

Sich zu entscheiden wie alle andern Menschen,
in einer bestimmten Situation Ja oder Nein zu
sagen, oder sich auch nur zu räuspern und zu
murmeln, momentmal, da gilt es zu
differenzieren, zu bedenken, was angemessen
sein zu können möglich wäre, sich der
Tatsachen bewusst zu werden, die für eine
sorgfältige Entscheidfindung nicht ausser
Betracht gelassen werden dürfen, also *sich zu*
entscheiden wie es die Not des Alltags in seinen
doch beträchtlichen Möglichkeiten zur
Erweiterung der Denkweisen mit sich bringt,
war für O. eine schiere Unmöglichkeit, er
erkannte für sich keine Motivation, keinen
erkennbaren Sinn, Stellung zu irgendetwas zu
nehmen, im Grundlosen sah er zuweilen eine
Berechtigung *für* oder *gegen* etwas zu sein,
doch O. fand das stets unpass, *sich zu*
entscheiden wie qualifizierte er als Zumutung,

die er charmant mied, sich auf etwas festzulegen, taxierte er als dümmlich, so war halt O.

SIE trafen sich als ob

Ein Treffen zu vereinbaren und sich wirklich zu treffen, scheint nicht zu den schwierigsten Begebenheiten des Lebens zu gehören, doch ohalätz, bei N. sah das schlenkrig anders aus, er bemühte sich imposant regsam, SIE zu treffen, bereits seit urvordenklichen Zeiten, müsste man boshaft sagen, doch es kam immer was dazwischen, entweder fand er die Schuhe nicht oder wusste Zeit und Ort des Treffens nicht mehr, er vergass es nonchalant, SIE zu treffen war ihm aber ein Herzensanliegen, was natürlich nichts half, denn verpasst ist verpasst, da holte er, Wirklichkeit erwahrend, jede Fispeligkeit abwehrend, mindestens in abstracto, Vernunft packend, zum Schlag aus und bemühte sich mit all seinen Fasern, SIE zu treffen, und dass es leider dennoch bei einem «als ob» blieb, war traurig, konnte aber N. nicht einfach kurzerhand in die Schuhe geschoben werden, da er sie ja gar nicht fand.

Der Vergleich

S. zeichnete ich durch nichts aus, ausser dass er alles mit allem *verglich*, das Vernünftige mit dem Unvernünftigen, das Verrückteste schien zu passen, ein Fischauge mit einem schwarzen Loch zu vergleichen, fand S. das Allernatürlichste, Sinnliches warf er kopfüber, kopfunter mit Sonnenaufgängen, Sonnenuntergängen, man musste lediglich den passenden Perspektivenpunkt, wie S. sagte, finden, dann wird das Eine wenn auch nicht das Andere, doch die unentwirrbaren Ineinanderverpurzelungen der Dinge und Undinge waren köstlich und eigentlich überzeugend zu vergleichen, eines Tages wurde S. traurig, da er zu *Stein* keinen Vergleich fand, es machte ihn untröstlich, es liess ihn keine Ruhe, es erboste ihn, er haderte mit seinem Schicksal, denn es waren VERGLEICHE, durch die er sich nicht auszuzeichnen bemühen musste, da sie sich einfach ergaben, die ihm zuflogen, und ehe er sie gepackt hatte, wieder davonflogen, da machte sich S. auf zu seinem besten Vergleich, er verglich sich mit sich selbst und erkannte, dass das nicht möglich war.

Paul Gisi, 1949 in Basel geboren, Schulen in Basel, Primarlehrerpatent in Zug, einige Jahre Schulpraxis, Aufenthalte in Südfrankreich, viele Jahre lang Korrektor in der Ostschweiz, über 130 Publikationen, hauptsächlich Lyrik, aber auch Kurzprosa, Sätze und Briefe, erhielt wenige Preise, lebt in Rorschach am Bodensee.

www.zackenbarsch.ch
zackenbarsch.gisi@gmail.com